50 Protein-Dessert-Rezepte für Gewichtheber:

Beschleunige das Muskelwachstum ohne Pillen oder Kreatine

Von

Joseph Correa

Zertifizierter Sport-Ernährungsberater

COPYRIGHT

© 2016 Correa Media Group

Alle Rechte vorbehalten.

Die Vervielfältigung und Übersetzung von Teilen dieses Werkes, mit Ausnahme zum in Paragraph 107 oder 108 des United States Copyright Gesetzes von 1976 dargelegten Zwecke, ist ohne die Erlaubnis des Copyright-Inhabers gesetzeswidrig.

Diese Veröffentlichung dient dazu fehlerfreie und zuverlässige Informationen zu dem auf dem Cover abgedruckten Thema zu liefern. Es wird mit der Einstellung verkauft, dass weder der Autor noch der Herausgeber befähigt sind, medizinische Ratschläge zu erteilen. Wenn medizinischer Rat oder Beistand notwendig sind, konsultieren Sie einen Arzt. Dieses Buch ist als Ratgeber konzipiert und sollte in keinster Weise zum Nachteil Ihrer Gesundheit gereichen. Konsultieren Sie einen Arzt, bevor Sie mit diesen Meditationsübungen beginnen, um zu gewährleisten, dass sie das Richtige für Sie sind.

DANKSAGUNG

Die Durchführung und der Erfolg dieses Buches wären ohne die Unterstützung meiner Familie nicht möglich gewesen.

50 Protein-Dessert-Rezepte für Gewichtheber:

Beschleunige das Muskelwachstum ohne Pillen oder Kreatine

Von

Joseph Correa

Zertifizierter Sport-Ernährungsberater

INHALTSVERZEICHNIS

Copyright

Danksagung

Über den Autor

Einleitung

50 Protein-Dessert-Rezepte für Gewichtheber

Andere großartige Werke des Autors

ÜBER DEN AUTOR

Als zertifizierter Sport-Ernährungsberater und Profi-Sportler, glaube ich fest daran, dass die richtige Ernährung dir dazu verhilft, deine Ziele schneller und effektiver zu erreichen. Mein Wissen und meine Erfahrung haben mir über die Jahre geholfen, gesünder zu leben. Diese Erkenntnis habe ich mit meiner Familie und meinen Freunden geteilt. Je mehr du über gesunden Essen und Trinken weißt, desto schneller wirst du deine Lebens- und Essensgewohnheiten ändern wollen.

Erfolgreich darin zu sein, dein Gewicht kontrollieren zu wollen, ist wichtig, da es all deine Lebensbereiche verbessern wird.

Ernährung ist der Schlüssel auf dem Weg zu einer besseren Figur. Darum soll es auch in diesem Buch gehen.

EINLEITUNG

50 Protein-Dessert-Rezepte für Gewichtheber: Beschleunige das Muskelwachstum ohne Pillen und Kreatine

Dieses Buch wird dir dabei helfen, deinen täglichen Protein-Konsum zu steigern und dein Muskelwachstum dadurch anzuregen. Diese Mahlzeiten werden deine Muskeln auf eine organisierte Art und Weise stärken, indem sie deinem Speiseplan eine gesunde Menge an Proteinen zufügen. Zu beschäftigt zu sein, um richtig zu essen, kann manchmal zu einem Problem werden. Darum hilft dir dieses Buch Zeit zu sparen und deinen Körper richtig zu ernähren, damit du die Ziele erreichen kannst, die du erreichen willst. Achte darauf, was du zu dir nimmst, indem du deine Mahlzeiten selbst zubereitest oder sie dir zubereiten lässt.

Dieses Buch wird dir dabei helfen:

-Muskeln auf natürliche Weise schneller aufzubauen.

-die Erholungszeiten zu verbessern.

-leckere Gerichte zu essen.

-mehr Energie zu haben.

-deinen Stoffwechsel zum Zwecke des Muskelaufbaus auf natürliche Weise anzuregen.

-dein Verdauungssystem zu verbessern.

Joseph Correa ist ein zertifizierter Sport-Ernährungsberater und Profi-Sportler.

50 PROTEIN-DESSERT-REZEPTE FUR GEWICHTHEBER

1. Vegetarische, proteinreich Quinoa

Zutaten:

Quinoa - 135 g in getrocknetem Zustand

Zucchini - 200 g fein gehackt (3-4 mm Würfel)

Karotte - 100 g fein gehackt (3-4 mm Würfel)

Flüssiges Eiweiß - 200 g (etwa 6 Eier)

Vollkorn-Mehl - 40 g

Schalotten (oder normale Zwiebel) - 30 g

Knoblauch - 10 g

Milder Hartkäse - 125 g (du kannst auch Mozzarella oder Cheddar verwenden, aber fettreduziert)

Salz, Pfeffer, Gewürze zum Abschmecken

Olivenöl- 2-3 g (zum Einfetten der Form)

Zubereitung:

1. Koche die Quinoa.

2. Stell die Kasserolle in den Ofen und heize ihn auf 180°C auf. Die Kasserolle muss aufgewärmt werden, damit der Kuchen am Ende von allen Seiten goldbraun ist.

3. Schneide die Karotte und Zucchini in kleine Würfel; hacke die Zwiebel und den Knoblauch.

4. Reibe den Käse.

5. Verarbeite das Eiweiß zu Eischnee und gib 100 g geriebener Käse hinzu. Der restliche Käse (25 g) wird nachher auf den Kuchen gestreut.

6. Gib das gehackte Gemüse, die Quinoa, Salz, Pfeffer und trockene Gewürze zu den Eiern. Verrühre alles gut.

7. Mische alle Zutaten unter das Vollkorn-Mehl.

8. Nimm die Kasserolle aus dem Ofen, fette sie ein und gieße die gesamte Mischung hinein. Vermeide dabei Luftblasen im Teig. Streue die restlichen 25 g Käse darüber.

9. Backe den Kuchen bei 180°C 40 Minuten (je nach Ofen auch etwas länger oder kürzer)

Nährwert pro1/4 des Kuchens:

Kalorien 267

Proteine 20,5 g

Fette 4,25 g

Kohlenhydrate 34.25 g

2. Joghurteis

Zutaten:

Fettreduzierter Naturjoghurt - 500 ml

fettreduzierte Vollmilch - 300 ml

Milchpulver - 3 Esslöffel

Zucker - 4 Esslöffel

Himbeeren (du kannst auch andere Beeren verwenden)

etwas Orangenöl

Zubereitung:

1. Mische den Zucker und das Milchpulver in einem Kochtopf, gib die Vollmilch dazu und bringe alles bei kleiner Flamme zum Kochen.

2. Vermenge die Mischung mit dem Joghurt, gieße das Orangenöl zu. Das Öl dient als Geschmacksverstärker. Daher kannst du das Öl auch weglassen, wenn du den Geschmack nicht magst.

3. Vermische alles und stell es ins Gefrierfach. Vergiss aber nicht, die Mischung so lange umzurühren, bis sie komplett gefroren ist.

4. Zerdrücke die Himbeeren bzw. die anderen Beeren und verwende das Mus vor dem Servieren zum Verzieren des Eis.

Nährwertangabe:

Himbeeren beinhalten Vitamine wie A, B1, B2, B5, B6, C, E, und Mineralien like Kalium, Calcium, Phosphor, Magnesium, etc. Himbeeren haben nutzbringende Eigenschaften bei Verbrennungen, darum Himbeeren verlieren sie ihre Nährwerte nicht.

Ein Joghurt deckt die Hälfte des empfohlenen Tagesbedarfs an Calcium ab, etwa 10-14 g Proteine, es senkt das "schlechte" Cholesterin und stärkt das Immunsystem. Ein fettreduzierter Joghurt beinhaltet weniger als 1 g Fett pro 100 g Joghurt.

3. Vanilleprotein-Pfannkuchen

Zutaten:

Haferflocken - 1/4 Tasse

Flüssiges Eiweiß - 1/2 Tasse

Vanilleprotein - 1/8 Tasse

Kokosraspeln - 1/4 Tasse

Mandelmilch - 1/4 Tasse

Backsoda - 1/2 Teelöffel

Zubereitung:

1. Vermische alle Zutaten .

2. Fette die Pfanne mit Öl ein.

3. Erhitze den Herd auf mittlerer Stufe. Gib den Teig in die heiße Pfanne. Drehe die Hitze etwas ab, damit die Pfannkuchen nicht verbrennen.

4. Wende die Pfannkuchen, sobald die Oberfläche Blasen schlägt.

Und schon ist das Werk vollbracht!

Nährwertangabe (pro Portion):

Kalorien 564

Fette 21 g

Kohlenhydrate 39 g

Proteine 57 g

4. Pudding mit Hüttenkäse oder Käsekuchen

Zutaten:

Sauermilch (4%-5% Fett, oder entfettet) - 700 g

Entfettete Milch - 100 ml

Grieß - 50 g

Eier - 3 Stück

Backpulver - 1 Beutel (reicht für 500 g Mehl)

Flüssiges Süßungsmittel für den Teig - 5 ml

Butter zum Einfetten der Pfanne - 3-5 g

Flüssiges Vanille-Aroma - 1 Schuss

Zubereitung:

1. Schütte die Milch zum Grieß und lass die Mischung 7-10 Minuten ruhen.

2. Schlage die Sauermilch im Mixer auf, bi seine cremige Masse entsteht. Du kannst auch eine Küchenmaschine nutzen oder verwende zuckerfreie Sauermilch.

3. Schlage das Eiweiß und das Eigelb zusammen zu Schaum.

4. Gib 5 ml. Süßungsmittel und 1 Beutel Backpulver zur Sauermilch, gieße die flüssige Grieß-Milch-Mischung, das flüssige Vanillearoma und die geschlagenen Eigelbe dazu. Verrühre alles gut.

5. Fette den Boden einer Backform mit Butter ein und bestreue sie mit etwas Mehl. Du kannst dabei Muffinförmchen oder eine große Backform verwenden.

6. Verteile die Mischung über die gesamte Backform (oder in die kleinen Muffinförmchen).

7. Stelle sie in den vorgeheizten Ofen (160-170°C) auf die unterste Schiene, wenn du eine große Backform verwendest. Backe den Teig eine Stunde. Bedecke die Form nach 20 Minuten mit Alufolie, damit die Kuchendecke nicht verbrennt. Falls du Muffinförmchen verwendest, heize den Backofen auf 150°C vor und backe den Kuchen auf der untersten Schiene eine halbe Stunde lang.

Nährwertangabe (pro Kuchen):

Kalorien 990

Proteine 100 g

Kohlenhydrate 98 g

Fette 40 g

5. Pudding mit Karottenaufstrich und Philadelphia-Käse

Zutaten:

Sauermilch (4%-5% Fett) - 600 g

Philadelphia-Käse light - 100 g

Gekochte Karotte - 200 g

Eier - 3 Stück

Backpulver - 1 Beutel (reicht für 500 g Mehl)

Flüssiges Süßungsmittel für den Teig - 5 ml

Butter zum Einfetten der Backform 5 g

Zubereitung:

1. Schlage den Sauerrahm im Mixer oder in der Küchenmaschine auf.

2. Gib den Philadelphia-Käse, Backpulver und Süßungsmittel zur Sauermilch.

3. Raspel die Karotte mit einer großen oder mittleren Reibe.

4. Schlage das Eiweiß und Eigelb zusammen auf.

5. Vermische die Sauermilch und die Karotte. Gib außerdem die Eier dazu. Rühre alles gut um.

6. Fette die Backform mit Butter ein und gieße die Mischung hinein. Statt einer Backform, kannst du auch besser eine Silikonbackform in Quadratform verwenden. Fülle sie dann zu 2/3 auf.

7. Stelle die Form auf die unterste Schiene des auf 160-170°C vorgeheizten Backofens. Bedecke die Form nach 10 Minuten mit Alufolie, damit der Pudding oben nicht anbrennt. Stell die Form nach 30 Minuten auf die mittlere Schiene, entferne nach weiteren 50 Minuten die Folie und backe den Pudding noch 25 Minuten. Die gesamte Backzeit sollte 75 Minuten nicht überschreiten. Nimm den Pudding am Ende aus dem Ofen und lass ihn abkühlen.

8. Die beste Art, einen Pudding abzukühlen besteht darin, ihn über Nacht in den Kühlschrank zu stellen. Er lässt sich leicht schneiden, wenn er kalt ist. Nachdem der Pudding erkaltet ist, kannst du ihn umstürzen und in kleine Portionen teilen. Er sollte dann sehr ansprechend und appetitanregend aussehen.

Nährwertangabe (pro Pudding):
Kalorien 981
Proteine 91 g
Kohlenhydrate 38 g
Fette 49

6. Quarkpudding mit Kirschen

Zutaten:

Quark (4%-5% Fett) - 700 g

Milch (0% fettreduziert) - 100 ml

Grieß - 50 g

Eier - 3 Stück

Backpulver - 1 Beutel (reicht für 500 g Mehl)

Flüssiges Süßungsmittel für den Teig - 5 ml

Kirschen mit eigenem Saft (frisch oder gefroren) - 175 g

Butter zum Einfetten der Backform - 3 - 5 g

Zubereitung:

1. Gieße die Milch zum Grieß und lass die Mischung 7-10 Minuten stehen.

2. Schlage den Quark mit dem Mixer auf, bis er cremig wird. Du kannst auch eine Küchenmaschine dazu verwenden oder aber zuckerfreien Quark.

3. Schlag das Eiweiß und das Eiweiß zusammen zu Schaum.

4. Schlage das Eiweiß, bis es steif wird.

5. Gib 10 ml Süßungsmittel, 1 Beutel Backpulver, die flüssige Grieß-Milch-Mischung und die geschlagenen

Eigelbe zum Quark. Füge das Eiweiß hinzu und rühre alles vorsichtig um.

6. Fette die Backform mit Butter ein und streue etwas Grieß darüber. Verteile dann die Hälfte des Teiges in die Pfanne, bedecke ihn mit einer Schicht Kirschen und gib dann den restlichen Teig darauf. Schließe das Ganze mit einer Schicht Kirschen ab.

7. Stell die Form auf die unterste Schiene in den vorgeheizten Backofen (160-170°C). Bedecke die Form nach 10 Minuten mit Alufolie. Entferne diese wieder nach weiteren 30 Minuten. Lass den Pudding noch 20-25 Minuten im Backofen, allerdings auf der mittleren Schiene.

8. Wenn die Zeit um ist, lass den Pudding 20 Minuten abkühlen, decke ihn mit Backpapier ab und stelle ihn in den Kühlschrank.

Nährwertangabe für 1/4 des Puddings:

Kalorien 270

Proteine 25,8

Kohlenhydrate 17,3

Fette 10,3

7. Protein-Pfannkuchen mit Haferflocken

Zutaten:

Quark (50% Fett) - 50 g

Buttermilch (Kefir) - 50 ml

Haferflocken - 25 g

Eiweiß - 1 Stück (35 g)

Trockene Protein-Mischung - 10 g

Olivenöl - 2 g

Zubereitung:

1. Mische die Haferflocken mit der Buttermilch und dem Protein. Lass das Gemisch etwa 10 Minuten ruhen, bis die Haferflocken breiig werden.

2. Vermenge danach alle Zutaten, gieße den Teig löffelweise auf den vorgeheizten Crêpes-Maker.

3. Wenn die Pfannkuchen fertig sind, streue etwas Zucker darüber oder bestreiche sie mit Marmelade.

Haferflocken beinhalten gesättigte und ungesättigte Fettsäuren, Ballaststoffe, Vitamine PP, E und die Mineralien Kalium, Magnesium, Calcium, Phosphor, Sulfat, Eisen, Iod und weitere mehr.

Nährwertangabe pro Portion:

Kalorien 242

Proteine 23 g

Fette 7 g

Kohlenhydrate 19 g

8. Kokos-Pfannkuchen

Zutaten:

Eier - 1 Stück

Eiweiß - 2

Kokosmehl - 25 g

Joghurt oder saure Sahne (10% Fett) - 30 g

Kokosöl (ungereinigt) - 5 g

Stevia - zum Abschmecken

Salz - 1 Prise

Backpulver - 1 Teelöffel

Zubereitung:

1. Schlage die Eier und vermische sie mit Stevia.

2. Füge den Joghurt hinzu und rühre gut um.

3. Erwärme das Kokosöl (du kannst auch eine Mikrowelle verwenden), gieß die Eier-Mischung dazu und rühre gut um.

4. Gib Backpulver, Salz und Kokosmehl dazu.

5. Lass den Teig einige Minuten ruhen, damit das Mehl die Flüssigkeiten aufnehmen kann.

6. Erhitze die Bratpfanne, fette sie leicht mit Olivenöl ein; die Temperatur sollte niedrig sein.

7. Backe die Pfannkuchen wie immer, erst auf der einen, dann auf der anderen Seite. Du kannst die Größe der Pfannkuchen ganz nach deinem Geschmack wählen.

Du kannst noch einige Bananenstücke oder Himbeeren in den Teig geben. Beide sind sehr reich an Vitaminen wie A, B und C.

Kokosöl ist reich an Vitamin A, E, B1, B2, B3, K und C, sowie Mineralien wie Eisen, Kalium, Calcium, Phosphor, etc.

Nährwertangabe pro Portion:

Kalorien 343

Protein 21 g

Fette 15 g

Kohlenhydrate 4 g

Ballaststoffe - 12 g

Zucker - 3 g

9. Karotten-Zucchini-Kuchen

Zutaten:

Backform 21-22 cm Durchmesser und 4,5 cm hoch

Vollkorn-Weizenmehl - 350 g

Karotte (geraspelt) - 360 g

Zucchini (geraspelt) - 180 g

Hühnereier - 4 Stück

Olivenöl - 60 g

Backpulver oder Soda - 1 gehäufter Teelöffel

Gemahlener Zimt - 1 gehäufter Teelöffel

Kristallisiertes Stevia - 2 Esslöffel (oder ein anderes Süßungsmittel nach deinem Geschmack)

Leichter Streichkäse als Kuchenbelag - 100 g (z.B. Philadelphia light)

Zubereitung:

1. Rasple die Karotte und Zucchini in kleine Stücke.

2. Mische das Vollkorn-Weizenmehl mit Backpulver und Zimt; Salz brauchst du hierfür nicht.

3. Hebe die Eier unter das Olivenöl und den Stevia; verrühre darin auch das geraspelte Gemüse.

4. Gib die trockene Mischung aus Mehl, Backsoda und Zimt dazu. Mische alles kräftig.

5. Lege die runde Backform mit Backpapier aus (21 cm Durchmesser). Fette sie außerdem noch leicht ein.

6. Gib vorsichtig den Teig in die Form, deren Boden ganz bedeckt sein sollte.

7. Backe den Kuchen bei 180°C 45-50 Minuten.

8. Würze den Kuchen und bedecke die Oberfläche mit Philadelphia-Käse light.

Karotten sind sehr nützlich aufgrund ihres Gehalts an Vitamin A, B, B3, B6, C, E, K und den Mineralien wie Kalium, Magnesium, Calcium, Phosphor, Natrium, Bor, Fluor etc.

Zucchini ist reich an Kalium, Ballaststoffen, Phosphor und Calcium sowie Vitamin A und C.

Nährwertangabe pro 1/4 des Kuchens:

Kalorien 540

Proteine 17,5 g

Fette 19,8 g

Kohlenhydrate 74,2 g

Ballaststoffe – 12,7 g

Zucker – 4,7 g

10. Kokosmehl-Bort mit Zucchini, Bananen und Ingwer

Zutaten:

Kokos(oder Mandel)mehl - 50 g

2.5% fettreduzierte Milch - 50 ml

Hühnereier - 3 Stück

Bananen - 85 g

Zucchini 85 g

Oliven(oder Walnuss)öl - 8 g

Ingwerpulver - 1 Teelöffel (oder reibe frischer Ingwer)

Backpulver (oder Backsoda) - 1 Teelöffel

1 Prise Salz

Zubereitung:

1. Heize den Backofen auf 190°C vor.

2. Reibe die Zucchini auf einer kleinen Reibe und zerdrücke die Banane mit einer Gabel; mische alles gut durch.

3. Schlage die Eier.

4. Vermenge das Kokosmehl mit Salz, Backpulver und Ingwerpulver bzw. dem frischen Ingwer und reibe die Zucchini in feine Raspel.

5. Gib die Mehl-Mischung zu den aufgeschlagenen Eiern, rühre gut um; vermische die Masse mit Zucchini und Bananen und gib 50 ml Milch dazu. Verrühre alles und schenke Walnussöl oder Olivenöl dazu.

6. Lege eine quadratförmige Brotbackform mit Backpapier aus und kleide auch die Wände damit aus. Gib den Teig in die Form.

7. Backe alles bei 190°C 40 Minuten, bis die Spitze und die Seiten angebräunt sind.

Es ist ein fantastisches Brot!

Erstens beinhaltet es ein Minimum Kohlenhydraten und zweitens sehr viele Proteine und Ballaststoffe. Es ist wie ein Kuchen, nur ohne Butter.

Nährwertangabe pro Brot (etwa 480 g):

Kalorien 62,7

Proteine 32 g

Fette 27 g

Kohlenhydrate 37 g

Ballaststoffe 4 g

11. Kokosmehl Muffins

Zutaten:

Eier - 2 Stück

Eiweiß - 3 (ca. 105 g)

Reines Kokosmehl - 50 g

Natives Kokosöl extra - 20 g (30 s in der Mikrowelle geschmolzen)

Stevia oder Steviapulver (kristallisiert oder flüssig) - 1 Esslöffel

Backpulver (oder Soda) – 1gehäufter Teelöffel

5% fettreduzierter Quark - 100 g

Zubereitung:

1. Heize den Ofen auf 190°C vor.

2. Mische das Backpulver, Stevia und Kokosmehl.

3. Schlage das Eiweiß von 3 Eiern.

4. Schlage 2 ganze Eier.

5. Gib den Quark, das Mehl, Stevia und Backpulver zu den 2 geschlagenen Eiern, rühre vorsichtig um.

6. Schmelze das Öl in der Mikrowelle.

7. Vermenge die Mischung, das geschlagene Eiweiß und das geschmolzene Kokosöl. Der Teig sollte aufgrund des Kokosmehls mürbe sein. Dieses absorbiert aufgrund seines Ballaststoffgehalts die ganze Flüssigkeit.

8. Gib den Teig in Muffinförmchen (Ich gebe immer 66 g in jede Form). Drücke ihn leicht an.

9. Backe den Teig im Ofen bei durchschnittlicher Temperatur etwa 25 Minuten.

Das Kokosmehl ist reich an Vitaminen wie A, C, E, D und B sowie Mineralien wie Kaliumsalz, Magnesiumsalz, Iod, Kobalt und Nickel. Es beinhaltet Ballaststoffe und Proteine. Der Verzehr von Kokosmehl verbessert den Stoffwechsel, regt die Verdauung an, hat positive Auswirkungen auf die Haut und verringert das Thromboserisiko.

Das Rezept ist für 6 Muffins ausgelegt.

Nährwertangabe pro Portion:

Kalorien 556

Proteine 45 g

Fette 37 g

Kohlenhydrate 5 g

Ballaststoffe 30 g

12. Vollkornmehl Protein-Pfannkuchen

Zutaten:

fettfreie Milch - 720 ml

Eier - 3 Stück

Butter - 50 g

Vollkornmehl (grob oder fein gemahlen) - 210 g

Weißmehl - 50 g

Protein Optimum Nährwert (SAN, UNIVERSAL, TWINLAB - the one that you use) - 70 g

Salz nach Geschmack

Steviapulver - 1 Teelöffel

Frisch erhitztes Wasser - 120 ml

Zubereitung:

1. Schmelze zuerst die Butter in der Mikrowelle und wärme die Milch auf. Schlage dann die Eier.

2. Mische das Vollkorn- und das Weißmehl.

3. Vermenge das Protein und Stevia.

4. Vermenge die geschlagenen Eier mit Milch und Mehl, gib Salz nach Geschmack dazu; füge das Protein und Stevia in den Teig und rühre vorsichtig um. Gieße die geschmolzene

Butterdazu und lass die Mischung 20-30 Minuten bei Raumtemperatur ruhen. Gieße vor dem Backen 120 ml kochendes Wasser in den Teig.

5. Backe den Pfannkuchen in einer Bratpfanne, aber fette diese nicht ein. Gib eine Bolle voller Teig hinein.

Das ist ein perfektes Frühstücksgericht. Du kannst die Pfannkuchen mit Quark oder Marmelade bestreichen. Zum Abendessen kannst du auch etwas Fleisch und saure Sahne ergänzen.

Nährwertangabe pro Portion (2 Pfannkuchen):

Kalorien 246

Proteine 17 g

Fette 7 g

Kohlenhydrate 28 g

13. Pfannkuchen PROTEIN BOMBE

Zutaten:

Haferflocken - 1/4 Tasse

Flüssiges Eiweiß - 1/2 Tasse

Vanilleprotein - 1/8 Tasse

Kokosraspeln - 1/4 Tasse

Mandelmilch - 1/4 Tasse

Backsoda - 1/2 Teelöffel

Zubereitung:

1. Vermische alle Zutaten.

2. Sprüh die Bratpfanne mit Kochöl aus und stelle den Herd auf mittlerer Stufe.

3. Wenn die Pfanne heiß ist, gib den Teig portionsweise hinein. Dreh die Hitze etwas ab, um den Pfannkuchen vor dem Verbrennen zu bewahren.

4. Wende den Pfannkuchen mit einem Pfannenwender, wenn er leicht gebräunt ist.

Nach Belieben kannst du etwas Honig auf den fertigen Pfannkuchen gießen. Honig ist reich an Vitamin B (B1, B2, B6 und B9) sowie C, E, H, A, D; er beinhaltet Mineralien wie

Kalium, Phosphor, Magnesium, Natrium, Iod, etc. Honig entfaltet antibakterielle, antimykotische und antivirale Wirkungen, verbessert die Verdauung und die Kondition von Knochen und Zähnen.

Mandelmilch beinhaltet Kalium, Calcium, Magnesium, Zink, Eisen, Selen, Ballaststoffe; Vitamine B2, B3, A, B-Karotine,

Nährwertangabe pro Portion (einige Pfannkuchen):

Kalorien 564

Proteine 57 g

Fette 21 g

Kohlenhydrate 39 g

14. Heidelbeer-Pfannkuchen mit Zimt

Zutaten:

Eiweiß - 6 Stück

Haferflocken - 1/2 Tasse

Backpulver - 1 Teelöffel

Mandelmilch- 1/2 Tasse

1 Prise Salz

Künstliches Süßungsmittel als Pulver- 2 Prisen

Heidelbeeren - 1/4 Tasse

Apfelsauce - 1/2 Tasse

Zimt - 1 Prise

Zubereitung:

1. Gib das Eiweiß, die Haferflocken, Backpulver Mandelmilch, Salz und das künstliche Süßungsmittel in eine Küchenmaschine und rühre sie 30 Sekunden bei mittlerer Geschwindigkeit um.

2. Sprühe die Pfanne mit Öl aus (Sonnenblumenöl oder Butter, wie du möchtest), gib den Teig dazu und die Hälfte der Heidelbeeren. Backe alles wie normale Pfannkuchen – erst auf der einen, dann auf der anderen Seite, bis sie braun sind.

Wenn sie fertig sind, serviere sie mit Apfelsauce und Zimt.

Diese Pfannkuchen sind nicht nur lecker, sondern auch nützlich. Heidelbeeren enthalten viele Ballaststoffe, Kalium, Calcium, Natrium, Magnesium, Eisen, Vitamin C, Pantothensäure, Glycosid, etc. Heidelbeeren tragen zur Verbesserung der Augen bei, reduzieren das Risiko von grauem Star, verbessern den Stoffwechsel und reguliert die Darmtätigkeit.

Nährwertangabe pro Portion (einige Pfannkuchen):

Kalorien 334

Proteine 30 g

Fette 4 g

Kohlenhydrate 48 g

15. Kefir-Pfannkuchen mit Vanille und Erdnussbutter

Zutaten:

Mehl - 1 Tasse

Haferflocken - 1 Tasse

Backpulver - 1.5 Teelöffel

Salz – 0,5 Teelöffel

Kefir - 2 Tasse

Fettreduzierte Milch - 1/2 Tasse

Vanilleextrakt - 1 Teelöffel

Ei - 1

Eiweiß - 2 Stück

Erdnussbutter - 3 Esslöffel

Frische Beeren - 1 Tasse

Zubereitung:

1. Schlage das Ei und das Eiweiß von 2 Eiern auf.

1. Vermenge das Mehl, Haferflocken, Backpulver und Salz in einer großen Schüssel sowie den Kefir, Milch, Vanilleextrakt und die geschlagenen Eier in einer anderen Schüssel. Vermische die 2 Mischungen und rühre sie zusammen, bis eine cremige Masse entsteht.

2. Erhitze die Bratpfanne bei niedriger Stufe und sprühe sie mit Öl ein. Gib den Teig mit einem großen Esslöffel in die Pfanne; backe die Pfannkuchen 1-2 Minuten auf jeder Seite und 1-2 Minuten auf der anderen Seite, bis sie braun sind.

3. Schmelze die Erdnussbutter 30 Sekunden in der Mikrowelle 20- streiche dann die Pfannkuchen damit ein. Verziere die Pfannkuchen mit Beeren.

Erdnussbutter hat einen hohen Nährstoffgehalt, sie beinhaltete die erforderlichen, verdaulichen Fette, Vitamin A, E, B1, B2, B3, B4, B5, B8, B9, Makro- und Mikroelemente wie Kalium, Magnesium, Phosphor, Eisen, Zink, Iod, Kobalt, einfach gesättigte Oleinsäure etc. Erdnussbutter stärkt das Immunsystem, verbessert die Herzfunktion und die Blutgefäße, steigert die Funktionen des Reproduktions- und Nervensystems und normalisiert den Hormonhaushalt und das Blutcholesterin.

Nährwertangabe pro Portion (einige Pfannkuchen):

Kalorien 584

Proteine 28 g

Fette 15 g

Kohlenhydrate 81 g

16. Mandel-Safran-Pfannkuchen mit Kardamom

Zutaten:

Ei – 1 Stück

Eiweiß - 3 Stück

Mandelmilch- 180 ml

Vanilleextrakt - 1/2 Teelöffel

Quark - 50-70 g

Safranranken - 5-7 Stück

Kardamom - 1/3 Teelöffel

Mandelmehl - 1 Esslöffel (etwa 13 g)

Kokosmehl - 1 Esslöffel

Psyllium (Wegerichs Ballaststoffe) - 2 Esslöffel

Backpulver - 1 Teelöffel

Pures Stevia - 1/3 Teelöffel

Zubereitung:

1. Nimm die Eier aus dem Kühlschrank.

2. Erhitze die Milch bis sei warm ist, gib Safran und Kardamom dazu und rühre alles um.

3. Vermenge alle trockenen Zutaten (Mandel Mehl, Kokosmehl, Psyllium, Backpulver und pures Stevia).

4. Schlage die Eier mit einem elektrischen Rührstab (ein ganzes Ei und Eiweiß von 3 Eiern), gieße die Milch dazu mit den Gewürze und den anderen flüssigen Zutaten (Quark, Vanilleextrakt); rühre vorsichtig um.

5. Vermische die beiden Mischungen in der Küchenmaschine und lass den Teig etwa 20 Minuten ruhen.

6. Backe den Pfannkuchen auf beiden Seiten auf niedrigster Stufe, bis er goldbraun ist. Verwende dabei kein Öl.

Du kannst außerdem eine Beilage zubereiten, zum Beispiel Mango: fein gehackt, halbreife Mango, zuckerfreie Kokosflocken, gemahlene Erdnüsse und Kokossauce – rühre alles gut um und verziere den Pfannkuchen damit.

Beere-Beilage: alle Beeren nach deinem Geschmack, Quark und Tofusahne, gemahlen Mandeln, Nuss-Mischung in eine Küchenmaschine, bis alles cremig ist, serviere die Beilage mit dem Pfannkuchen.

Nährwertangabe pro Portion (5-6 Pfannkuchen):

Kalorien 240

Proteine 22 g

Fette 12 g

Kohlenhydrate 16 g

Ballaststoffe 9 g

Zucker 3 g

17. Haferflocken-Torte mit Schlagsahne und Nüssen

Trockene Zutaten:

Haferflocken - 40 g (etwa 4 gehäufte Esslöffel)

Heidelbeeren - 1 Esslöffel

Zimt - 1/3 Teelöffel

Gewürze für Rezepte mit Kürbis (Zimt, Nelken, Muskat, Ingwer) - 1/4 Teelöffel

Backpulver - 1/4 Teelöffel

Backsoda - 1/8 Teelöffel

Flüssige Zutaten:

Eiweiß - 1 Stück

Milch - 2 Esslöffel

Zuckerfreie Apfelsauce - 1 Esslöffel, oder Kokos/Olivenöl- 1 Teelöffel

Vanilleextrakt - 1/2 Teelöffel

Karotte - 1/2 medium Stück

Sahne:

Reife, gefrorene Banane - 1/4 Stück

Fettfreier Quark - 100 g

Vanilleextrakt - 1/4 Teelöffel

Bananenextrakt - 1 Tropfen (nicht notwendig)

Natürliches Süßungsmittel nach Geschmack

Honig - 1 Esslöffel

Zubereitung:

1. Koche die Karotte in einem Dampfgarer, mach es im Vorfeld um Zeit zu sparen

2. Heize den Backofen vor und stell darin eine Backform (7-8 cm Durchmesser) mit Antihaft-Beschichtung.

3. Vermische alle trockenen Zutaten für den Kuchenteig.

4. Zerdrücke die gekochte Karotte mit einer Gabel, teile sie in zwei Portionen – die kleinere nimmst du zum Verzieren.

5. Vermenge alle flüssigen Zutaten und verrühre beide Mischungen.

6. Gib den Teig in die vorgeheizte Backform und drücke ihn mit einem Löffel vorsichtig fest. Backe ihn etwa 20-25 Minuten bei 180°C. Da jeder Ofen anders arbeitet, achte darauf, dass der Kuchen nicht verbrennt. Der Teig sollte weder feucht noch trocken sein, aber eine bräunliche Kruste aufweisen.

7. Schlage alle Creme-Zutaten in einer Küchenmaschine auf, bis sie cremig sind.

8. Nimm den gebackten Kuchen aus dem Ofen und lass ihn in der Backform 7-10 Minuten abkühlen; schneide ihn vorsichtig durch.

9. Teile den Kuchen in zwei Teile. Bestreiche einen Teil des Kuchens mit 1/3 der Sahne, setze darauf die andere Schicht und bedecke diese dann mit der restlichen Sahne. Du kannst etwas Walnüsse darüber streuen, wenn du möchtest und keiner Schlankheitsdiät verhaftet bist.

Nährwertangabe für den ganzen Kuchen:

Kalorien 336

Proteine 30 g

Fette 6 g

Kohlenhydrate 42 g

Ballaststoffe 8 g

Zucker 4 g

18. Biskuits mit Rosinen und Walnuss

Zutaten:

Quark - 250 g

Haferflocken - 150 g

Bananen - 1 Stück

Rosinen oder getrocknete Aprikosen - 50 g

Walnuss - 30 g

Mohn oder Kokosflocken

Zubereitung:

1. Vermenge den Quark und die Banane, bis sie weich sind.

2. Füge die Haferflocken, Rosinen, gemahlenen Walnüsse dazu und knete den Teig.

3. Lass den Teig eine Stunde im Kühlschrank ruhen.

4. Wenn du ihn wieder aus dem Kühlschrank nimmst, forme kleine Bälle, rolle Mohn oder Kokosflocken ein und lege die Bälle auf ein Backblech, welches mit Backpapier ausgelegt ist.

5. Heize den Backofen auf 180°C vor und backe die Biskuits 15 Minuten.

Walnusskerne enthalten freie Aminosäuren, Vitamin A, Vitamin E, PP, K, C, B, Mineralien wie Iod, Eisen, Zink, Phosphor, etc. Walnuss reduzieren das Risiko von Herzerkrankungen, Blutdruck, stärken das Knochengewebe, versorgen dich mit Energie, aktivieren die Gehirnaktivität und hilft bei der Behandlung von Schilddrüsenerkrankungen.

Nährwertangabe pro Portion (150 g):

Kalorien 250,5

Proteine 15 g

Fette 6,9 g

Kohlenhydrate 34,5 g

19. Kokos-Muffins

Zutaten:

Fettfreier Quark - 300 g

Eiweiß - 8 Stück

Ganze Eier - 2 Stück

Steviapulver - 4 gehäufte Esslöffel

Kokosöl - 20 g

Olivenöl - 20 g

Kokosmehl - 100 g

Natürlicher Kokosextrakt - 3 Tropfen

Backpulver – 1,5 Teelöffel

Zubereitung:

1. Vermische das Süßungsmittel, das Backpulver und das Mehl.

2. Schlage das Eiweiß zu Eischnee und die beiden ganzen Eier, bis sie cremig sind.

3. Verrühre die trockenen Zutaten unter die beiden geschlagenen Eier.

4. Heize den Backofen auf 180°C vor.

5. Gib Öl in den Teig, gieße dann das Kokosextrakt dazu.

6. Verteile den Teig in eine Kuchenbackform. Stelle diese etwa 30 Minuten in den Backofen.

Du kannst die Muffins mit etwas Schokoladensauce garnieren: verrühre 1 Teelöffel zuckerfreier Kakaopulver, 2 Teelöffel fettfreies Erdnussöl PB2, 1 Teelöffel Stevia und etwas zuckerfrei Mandelmilch.

Nährwert für 2 Muffins:

Kalorien 99

Proteine 20 g

Fette 10 g

Kohlenhydrate 16 g

Ballaststoffe 4 g

20. Orangen-Joghurt-Proteincocktail

Zutaten:

Orangensaft - 100 ml

Fettfreier Joghurt - 100 ml

Hand voll Orangenschale

Zubereitung:

1. Vermische alle Zutaten in einer Küchenmaschine, bis sie cremig sind.

Verwende am besten einen gekühlten Saft, dann hast du einen erfrischenden Cocktail.

Orangen enthalten viel Vitamin C, daher trinkst du den Cocktail am besten morgens, um auf diese Weise Kraft für den Rest des Tages zu tanken.

Orangensaft ist sehr reich an Vitamin A, B, C, K und E sowie Mineralien wie Kalium, Calcium, Phosphor, Kupfer, Eisen, Zink, etc.

Nährwert:

Kalorien 198

Proteine 23 g

Fette 1 g

Kohlenhydrate 40

21. Granatapfel-Proteincocktail

Zutaten:

Granatapfelsaft - 170 ml

Eiweiß - 75 g

Fettfreier Joghurt - 180 g

Gefrorene Beerenmischung - 170 g

Zubereitung:

1. Vermische alle Zutaten in einer Küchenmaschine, bis sie cremig sind.

Verwende am besten einen gekühlten Saft, dann hast du einen erfrischenden Cocktail.

Granatapfel ist reich an den Vitaminen PP, A, B1, B5, B6, C, E und Mineralien wie Calcium, Magnesium, Natrium, etc.

Rode Heidelbeeren, Heidelbeeren und Himbeeren lassen sich in diesem Cocktail gut kombinieren. Durch sie wirkt der Cocktail erfrischend und ist nahrhaft dank der vielen Vitamine wie PP, C, E, A, B9, H und Mineralien wie Calcium, Magnesium, Natrium, Kalium, Chlorid, Sulfat, Phosphor, etc.

Nährwert:

Kalorien 508

Proteine 19 g

Fette 2 g

Kohlenhydrate 70

22. Proteincocktail mit roten Heidelbeeren und Mandeln

Zutaten:

Roter Heidelbeersaft - 100 ml

Mandeln - 2 gehäufte Esslöffel

Fettfreier Joghurt - 3 Esslöffel

Zubereitung:

1. Vermische alle Zutaten in einer Küchenmaschine, bis sie cremig sind.

Roter Heidelbeersaft ist sehr reich an den Vitaminen PP, A, C, B9, E sowie Mineralien wie Calcium, Magnesium, Natrium, Sulfat, etc. Mandeln werden dich mit Vitamin A, B1, B2, B6, B9, PP, E und C versorgen.

Dieser Cocktail wird deinen Tag retten!

Nährwert:

Kalorien 346

Proteine 15

Fette 22 g

Kohlenhydrate 27 g

23. Fettfreier Proteincocktail

Zutaten:

Fettreduzierte Milch - 340 ml

Fettfreier Joghurt - 1 Teetasse

Leinsamen - 1 Esslöffel

Erdbeeren – 0,5 Teetasse

Zubereitung:

1. Wasche und putze die Erdbeeren.

2. Vermische alle Zutaten – zuerst die Milch mit Joghurt, füge dann die Leinsamen und Erdbeeren hinzu und rühre alles gut um, bis eine cremige Masse entsteht.

Leinsamen sind sehr wichtig für uns dank ihrer Vitamine B1, B3, dem hohen Gehalt an Vitamin B9, K, PP, und Mineralien wie Magnesium, Kalium, Phosphor, Kupfer, Mangan. Die Ballaststoffe der Leinsamen helfen Abfallstoffe und Toxine zu entsorgen. Diese Samen helfen auch beim Abnehmen.

Nährwert:

Kalorien 306

Proteine 33 g

Fette 3 g

Kohlenhydrate 36 g

24. Proteincocktail mit Kakao

Zutaten:

Quark - 300 g

Fettfreie Milch - 200 ml

Wasser - 100-200 ml

Kakao - 1 Esslöffel

Zubereitung:

1. Verwende eine Küchenmaschine oder einen Mixer, um das Wasser und die Milch zu verrühren. Gib dann den Quark und als Letztes das Kakaopulver dazu. Rühre alles um, bis es geschmeidig ist.

Du möchtest vielleicht Walnüsse dazugeben, die den Proteingehalt erhöhen und dem Cocktail ihre eigene Note verleihen.

Bon Appetit!

Kakao unterstütz das kardiovaskuläre System, indem es eine Anhäufung von Thrombozyten verhindert, hat antioxidantische Eigenschaften und beeinflusst den Stoffwechsel. Kakao verbessert den Blutfluss zum Gehirn und reduziert Blutdruck. Normaler Genuss von Kakao erhält die normale Hautfunktion aufrecht und hält sie jung.

Nährwert:

Kalorien 320

Proteine 48 g

Fette 0 g

Kohlenhydrate 26 g

25. Kiwi-Honig-Proteincocktail

Zutaten:

Mandelmilch - 300 ml

1,5 Tassen fettfreier Kefir - 200 ml

Kiwi - 1 Stück

Honig - 1-2 Esslöffel

Zubereitung:

1. Wasche, schäle und schneide die Kiwi in kleine Stücke.

2. Erwärme den Honig.

3. Verwende eine Küchenmaschine oder einen Mixer, um die Mandelmilch und den Kefir zu verrühren, gib die Kiwi-Stücke und den Honig dazu; rühre alles, bi seine geschmeidige Masse entsteht.

Kiwi ist reich an Vitamin A, B9, C und Mineralien wie Kalium, Calcium, Chlorid, Kupfer, Bor, Fluor etc.

Kiwi kommt dem Immunsystem zu Gute, stärkt die Abwehr sowie das regenerative System und erhöht die Stressresistenz des Organismus.

Nährwert:

Kalorien 265

Proteine 21 g

Fette 10 g

Kohlenhydrate 17 g

26. Proteinriegel mit Erdnussbutter

Zutaten:

Erdnussmehl - 1/3 Tasse

Protein mit Vanillegeschmack - 1 gehäufter Teelöffel

Mandelmilch- 100 ml

Mandeln - 1 Hand voll

Kokosmehl - 2 Esslöffel

Dunkle Schokolade - 3-4 Stück

Zubereitung:

1. Vermische alle Zutaten in einer Schüssel mit Ausnahme der Schokolade und forme einen Teig. Wenn der Teig zu flüssig oder zu klebrig ist, gib noch etwas Kokosmehl hinzu.

2. Forme mit dem Teig Rechtecke.

3. Schmelze die Schokolade in einem Wasserbad und tunke die Rechtecke in die geschmolzene Schokolade. Nimm die Rechtecke wieder heraus und lege sie auf eine Silikon-Backform, die mit Backpapier ausgelegt ist.

Genieße die Riegel!

Erdnussmehl enthält viel Vitamin PP, B1, B5, B9, B4 und Mineralien wie Eisen, Mangan, Kupfer, Selen, Zink, etc.

Erdnüsse stärken das Gedächtnis, die Konzentrationsfähigkeit und das Nervensystem. Sie reduzieren das Risiko für Herzattacken und normalisieren den Blutdruck und den Stoffwechsel.

Nährwert:

Kalorien 197

Proteine 18 g

Kohlenhydrate 9 g

Fette 10 g

27. Karamell Proteineis

Zutaten:

Zuckerfreie Mandelmilch - 1 Tasse

Protein mit Vanillegeschmack – 1,5 Löffel

Karamellsirup - 2 Esslöffel

Meersalz - 1 Prise

Zubereitung:

1. Mische die Mandelmilch und das Proteinpulver in a Küchenmaschine, bis eine geschmeidige Masse entsteht.

2. Gib die Mischung in eine Eismaschine und schalte sie an.

3. Nach 10 Minuten fügst d u1 Esslöffel Karamellsirup dazu und rührst gut um.

4. Mische alles weitere 10 Minuten, bis das Eis hat genug ist.

5. Richte das Eis auf einem Teller an und träufle den restlichen Karamellsirup darüber.

Bon Appetit!

Karamell ist reich an Vitamin E und PP sowie Mineralien wie Kalium, Magnesium, Natrium, Calcium, Phosphor und

Eisen. Süßer Karamell reduziert die Anfälligkeit für Depressionen und hellt die Stimmung auf.

Nährwert:

Kalorien 235

Proteine 35 g

Kohlenhydrate 8 g

Fette 8 g

28. Schokoladeneis

Zutaten:

Protein mit Schokoladengeschmack - 3 Löffel

Fettfreier Griechischer Joghurt (oder ein anderer gefilterter Joghurt) – 0,5 Tasse

Zuckerfreie Vanille-Mandelmilch - 1 Tasse

Mandelöl - 1 Teelöffel

Zubereitung:

1. Mische alle Zutaten, bi seine cremige Masse entsteht.

2. Gib die Mischung etwa 20 Minuten in die Eismaschine.

3. Wenn das Eis fertig ist, richte es auf einem Teller an und verziere diesen mit Bananenscheiben und Karamellsirup oder etwas Instant-Moccapulver.

Schokolade enthält ein Antioxidans, das bekannt für seine jungbringende Wirkung ist und die Entfaltung von bösartigen Tumoren und Erkrankungen des kardiovaskulären Systems aufhält. Schokolade ist reich an Mineralien wie Calcium, Magnesium, Zink, Kalium, Eisen, und den Vitaminen PP, E sowie etwas B2.

Nährwert:

Kalorien 183

Proteine 29 g

Kohlenhydrate 6 g

Fette 5 g

Ballaststoffe 2 g

Zucker 2 g

29. Beeren Eis

Zutaten:

Frische Heidelbeeren/Himbeeren/Erdbeeren/Ackerbeeren - 1 Tasse

Pures Wasser - 2 Esslöffel

Vanilleextrakt - 1 Teelöffel

Zuckerfreie Schokoladen-Mandelmilch - 1 Tasse

Protein mit Schokoladengeschmack – 0,5 Tasse

Mandelöl - 1 Esslöffel

Fettfreier Griechischer Joghurt (oder ein anderer gefilterter Joghurt) – 0,5 Tasse

Zubereitung:

1. Gib die Beeren in einen Kochtopf und koche sie bei niedriger Hitze, bi sein Sirup entsteh (etwa 10-15 Minuten).

2. Nimm den Kochtopf vom Herd und gieße das Vanilleextrakt hinein; mische alles und lass es einige Zeit ruhen.

3. Vermenge die Milch, das Proteinpulver, Öl und Joghurt; gib die Hälfte der Beerensauce dazu.

4. Überführe die Mischung in eine Eismaschine und stell sie auf etwa 20 Minuten ein.

5. Wenn das Eis fertig ist, serviere es auf einem Teller und dekoriere es mit der restlichen Beerensauce.

Genieße das Eis!

Nährwert:

Kalorien 246

Proteine 24 g

Kohlenhydrate 19 g

Fette 9 g

30. Zitronen-Eis.

Zutaten:

Quark - 170 g

Milch – 100 ml

Eiweiß - 2 Stück

Protein mit Zitronengeschmack - 1 Löffel

Zitronensaft - 1 Teelöffel

Zitronenschale - 1 Zitrone

Zubereitung:

1. Schlage das Eiweiß, bis es schaumig ist.

2. Vermenge die Milch, Quark, das Pulverprotein und die Zitronenschale dazu; rühre alles gut um.

3. Gib die Mischung 20 Minuten in die Eismaschine.

4. Serviere das Eis mit einer Limettenscheibe und einigen Minzblättern.

Zitrone ist eine sehr nützliche und vitaminreiche Frucht. Diese saure Furcht hat stark antiseptisch wirkende Eigenschaften. Zitronensaft hilft bei Atherosklerose, Nierenstein-Erkrankungen, Stoffwechselerkrankungen und

Fieber. Sie steigert außerdem den Appetit, verbessert die Verdauung und senkt den Cholesterinspiegel im Blut.

Zitrone ist sehr reich an Vitaminen wie beispielsweise PP, A, B5, C, B9, E sowie an den Mineralien Calcium, Kalium, Phosphor, Magnesium, Natrium, Sulfat, Kupfer, Bor, Fluor, Molybdän etc.

Nährwert:

Kalorien 353

Proteine 33 g

Fette 22 g

Kohlenhydrate 12 g

31. Rum-Eis

Zutaten:

Proteinpulver - 1 Löffel

Quark - 120 g

Fettreduzierte Milch - 150 ml

Eiweiß - 2 Stück

Süßungsmittel - zum Abschmecken (oder 1 Teelöffel Honig)

Rosinen - 10 g

Erdbeermarmelade - 20 g

Zubereitung:

1. Weiche im Vorfeld die Rosinen im Rum ein.

2. Schlag das Eiweiß zu Schaum; füge das Proteinpulver, Süßungsmittel (oder Honig), Quark und Milch, hinzu und rühre alles gut um.

3. Gib die Mischung etwa 30-40 Minuten in die Eismaschine. Hebe 10 Minuten vor Schluss die Rosinen und die Erdbeermarmelade unter.

Rosinen sind sehr reich an Kalium, Phosphor, Natrium, Calcium und Magnesium und an Vitaminen PP, B1, B2. Rosinen sind hilfreich bei Erkrankungen wie Fieber, Blutarmut, Verdauungssystem und Nierenerkrankungen.

Nährwert:

Kalorien 109 g

Proteine 16 g

Kohlenhydrate 7 g

Fette 2 g

32. Fettfreier Protein-Cocktail

Zutaten:

Fettfreier Joghurt - 125 g

Fettfreie Milch - 125 ml

Halb-gefrorene Erdbeeren - 50 g

Zubereitung:

1. Mische alle Zutaten in einer Küchenmaschine, bis sie cremig sind.

2. Du kannst einen Teelöffel Honig zugebe, wenn du deinen Cocktail süßen möchtest.

Nährwert:

Kalorien 149

Proteine 25 g

Fette 1 g

Kohlenhydrate 11 g

33. Schokolade-Orange-Proteinbrot

Zutaten:

Protein mit Schokoladengeschmack - 3 Löffel

Mandel(oder Haferflocken)mehl - 1 Tasse

Eier- 2 Stück

Orange - 2 Stück

Backpulver - 1 Teelöffel

Fettfreier Joghurt - 1 Esslöffel

Geschmolzene Bitterschokolade - 2 Esslöffel

Zubereitung:

1. Vermische die flüssigen Zutaten gut durch: Eier, Orange, Joghurt und geschmolzene Schokolade.

2. Vermenge die trockenen Zutaten; rühre die beiden Mischungen zusammen.

3. Heize den Backofen auf 160°C vor.

4. Gib den Teig in eine Backform (quadratisch, rechteckig oder rund) und stelle sie 45 Minuten in den Backofen

Du kannst das Brot mit etwas Zucker bestreuen. Es ist eine perfekte Ergänzung zum Frühstück oder Kaffee.

Nährwert:

Kalorien 190

Proteine 16 g

Fette 5 g

Kohlenhydrate 22 g

34. Käsekuchen aus Erdbeeren und Proteinriegeln

Zutaten:

Für den Teig:

Riegel mit Erdbeer-Käsekuchen-Geschmack - 1 Stück

Erdnussbutter - 2 Esslöffel

Nüsse – 0,5 Tasse (Mandeln, Walnuss, Erdnuss, etc.)

Für die Füllung:

Fettreduzierter Joghurt - 500 g

Vanilleprotein – 0,5 Tasse

Eiweiß - 1 Tasse

Frisch geschnittene Erdbeeren – 0,5 Tasse (oder eine andere Beerenart deiner Wahl)

Zubereitung:

1. Erhitze den Riegel 10-15 Minuten in der Mikrowelle, bis er weich ist. Hebe die Mischung dann unter die anderen Zutaten für den Teig, bis ein härteres Gemisch entsteht.

2. Knete den Teig und forme ihn so, dass er den Boden einer Backform bedeck.

3. Bereite die Füllung zu, indem du den Joghurt, das Vanilleprotein und Eiweiß vermengst.

4. Verteile die Füllung auf den Teig und streiche eine Schicht Erdbeermarmelade darauf.

5. Backe den Kuchen etwa 40-50 Minuten bei 160°C, bis er auf allen Seiten hart wird, aber im Innern und in der Mitte weich bleibt. Lass den Kuchen nicht zu lange im Ofen, er sollte sahnig sein. Außerdem wird er nach dem Backen noch etwas nachhärten.

6. Stelle den Kuchen 2 Stunden in den Kühlschrank.

7. Voila! Jetzt kannst du den Käsekuchen servieren, aber vergiss nicht, ihn mit den frischen Beeren zu verzieren und etwas Tee zu kochen...Bon Appetit!

Nährwert pro Stück/Portion:

Kalorien 170

Proteine 17 g

Kohlenhydrate 9 g

Fette 8 g

35. Schokoladen-Proteinriegel

Zutaten:

Zuckerfreies Müsli - 35 g

Vanille-Kasein - 35 g

Schokolade-Kasein - 25 g

Kakaopulver - 2 Esslöffel

Ballaststoffe - 10 g

Walnuss - 15 g

Haferflockenmehl - 70 g

Fettfreier Joghurt - 120 g

Zimt - 1 Teelöffel

80% Schokolade - 20 g

Flüssiges Süßungsmittel – einige Tropfen (du kannst auch ein anderes Süßungsmittel deiner Wahl verwenden)

Zubereitung:

1. Vermische alle Zutaten, bi seine geschmeidige Masse entsteht und teil den Teig in rechteckige Streifen ein, die die Form von Riegeln haben.

2. Schmelze die Schokolade und verteile sie auf die Riegel; Stelle die Riegel in den Kühlschrank.

Du kannst etwas gemahlene Nüsse darüber streuen, wenn du möchtest.

Nährwert:

Kalorien 274

Proteine 22 g

Kohlenhydrate 24 g

Fette 9 g

36. Erdnuss-Proteinriegel

Zutaten:

Fettfreies Erdnussmehl - 1/3 Tasse

Protein mit Vanillegeschmack - 1/3 Tasse

Kokos- oder Mandelmilch- 1/4 Tasse

Mandeln - 1/3 Tasse

Kokosmehl - 2 Esslöffel

Bitterschokolade 80% - 3-4 Stück

Zubereitung:

1. Vermische alle Zutaten, mit Ausnahme der Schokolade, in einer Schüssel, bis sich der Teig gut mit den Händen kneten lässt. Wenn er zu flüssig oder zu klebrig ist, gibt noch etwas mehr Kokosmehl dazu.

2. Forme aus dem Teig Rechtecke.

3. Schmelze die Schokolade in einem Wasserbad und tunke die Riegel in die Schokolade; lege sie dann auf eine mit Backpapier ausgelegt Silikonbackform – das verhindert ein Auslaufen der Schokolade.

Was ein wundervolles Dessert für eine Kaffeepause oder einem Treffen unter Freunden!

Nährwert:

Kalorien 197

Proteine 18 g

Kohlenhydrate 9 g

Fette 10 g

37. Französischer Proteinriegel

Zutaten:

Vanilleprotein - 1/4 Tasse

Kokosraspeln - 1/4 Tasse

Flüssiges Süßungsmittel / Honig - 1 Esslöffel

Mandel- Kokosmilch - 1/8 Tasse

Mandeln - 3/8 Tasse

Dunkle Schokolade - 3-4 Stück

Zubereitung:

1. Verrühre mit einem Löffel oder einem Schneebesen alle Zutaten in einer Schüssel, bis ein Teig entsteht. Wenn die Mischung zu klebrig ist, gib mehr Mandeln dazu.

2. Teile den Teig in 4 Kugeln und bilde aus ihnen Rechtecke.

3. Wenn die Riegel geformt sind, schmelze die Schokolade im Wasserbad.

4. Tunke die Riegel in die geschmolzene Schokolade, so dass sie vollständig damit bedeckt sind.

5. Nimm die Riegel wieder heraus und lege sie auf Backpapier. Bewahre sie dann für 1-2 Stunden im Kühlschrank auf.

Nährwert für 2 Riegel:

Kalorien 382

Proteine 22 g

Kohlenhydrate 7 g

Fette 14 g

38. Kaffee Protein-Muffins

Zutaten:

Ei - 2 Stück

Fettfreier Quark - 150 g

Haferkleie - 2 Esslöffel

Schokoladenprotein - 2 Löffel

Backpulver - 1 Beutel

Instant Kaffee - 2 Teelöffels

Vanillesirup - 2 Esslöffel

Süßungsmittel / Honig – nach Geschmack

Zubereitung:

1. Schlage die Eier mit dem Quark.

2. Füge nach und nach die restlichen Zutaten dazu und verrühre alles.

3. Heize den Ofen auf 170°C vor.

4. Verteile die Muffins in Muffinförmchen und backe den Teig bei 170°C eine halbe Stunde.

Haferflocken werden zur Reinigung des Verdauungstraktes, zur Entsorgung von Toxinen und Abfallstoffen und zur Detoxifikation des Organismus verwendet. Haferflocken senken den Cholesterinspiegel, stärken das Immunsystem, sind hilfreich bei Herzerkrankungen und bei Pankreas-Diabetes.

Haferflocken enthalten viele Vitamine wie B1, B5, B9, E, K und Mineralien wie Phosphor, Kalium, Magnesium, Calcium, Selen, Kupfer, Eisen, Zink, etc.

Nährwert pro 100 g:

Kalorien 177

Proteine 20 g

Kohlenhydrate 10 g

Fette 4 g

39. Banane-Proteinriegel

Zutaten:

Haferflocken - 1 Tasse

Protein mit Bananengeschmack- 5 Esslöffel

Fettfreies Milchpulver - 1/2 Tasse

Fettfreie Käsesahne - 1/4 Tasse

Eiweiß - 2 Stück

Banane - 1 Stück

Heidelbeeren - 1 Tasse

Wasser - 1/4 Tasse

Rapsöl zum Einfetten der Backform - 3 Teelöffel

Zubereitung:

1. Heize den Backofen auf 160°C vor.

2. Mische die Haferflocken mit dem Proteinpulver und dem Milchpulver.

3. Vermenge in einer anderen Schüssel die Käsesahne, das Eiweiß, die Banane und Heidelbeeren, Wasser und Öl.

4. Fette die Backform ein.

5. Mische alle Zutaten mit einem Mixer zusammen.

6. Verteile de Mischung in eine quadratische Backform und stelle sie in den Ofen. Backe die Riegel 25-30 Minuten.

Am Ende hast du sehr leckere und nahrhafte 7 Proteinriegel.

Nährwert pro Riegel:

Kalorien 180

Proteine 18 g

Kohlenhydrate 20 g

Fette 3 g

40. Vanille-Orange-Proteinriegel

Zutaten:

Haferflocken - 2 Tassen

Protein mit Vanille- oder Schokoladengeschmack - 4 Esslöffel

Fettfreies Milchpulver - 1 Tasse

Ahornsirup - 1 Tasse

Natürlicher Orangensaft - 1/4 Tasse

Vanillin - 1 Teelöffel

Eiweiß - 2Stück

Rapsöl zum Einfetten - 3 Teelöffel

Zubereitung:

1. Heize den Backofen auf 160°C auf.

2. Misch die Haferflocken, das Protein und das Milchpulver in eine Schüssel.

3. Vermenge in einer anderen Schüssel die restlichen Zutaten.

4. Fett die quadratische Backform mit Rapsöl ein.

5. Verwende einen Mixer um alle Zutaten zu verrühren.

6. Verteile den Teig in eine Backform, stelle sie in den Ofen und backe ihn etwa 20-30 Minuten, bis er braun ist.

Am Ende erhältst du 9 leckere Riegel.

Nährwert pro Riegel:

Kalorien 195

Proteine 15 g

Kohlenhydrate 27 g

Fette 3 g

41. "Power-Schub" Proteinriegel

Zutaten:

Haferflocken - 1/2 Tasse

Weizenmehl oder Haferflocken - 1/2 Tasse

Protein mit Vanillegeschmack - 6 Esslöffel

Fettfreies Milchpulver - 1 Tasse

Leinsamen - 2 Esslöffel

Sonnenblumenkerne - 2 Esslöffel

Nüsse - 1/4 Tasse

Trockene Früchte - 1/4 Tasse

Erdnussbutter - 1/3 Tasse

Vanillin - 2 Teelöffel

Wasser - 1/2 Tasse

Zubereitung:

1. Vermische die Haferflocken, das Protein, Milchpulver, Samen, Nüsse und trockene Früchte in einer Schüssel.

2. Gib anschließend die Erdnussbutter, Vanillin und Wasser dazu und rühre alles gut um.

3. Gib den Teig in eine passende Form und stelle sie etwa eine Stunde in den Kühlschrank, bis der Teig hart ist

Nährwert pro Riegel:

Kalorien 304

Proteine 26 g

Kohlenhydrate 23 g

Fette 12 g

42. Kokos-Proteinshake

Zutaten:

Mandelmilch- 300 ml

Quark - 300 g

Kakao - 2-3 Esslöffel

Walnuss - 10 Stück

Kokosraspel - 1 Prise

Zubereitung:

1. Gib alle Zutaten in eine Küchenmaschine und rühre sie etwa 7-10 Minuten gut um.

Walnuss sind sehr reich an Vitamin PP, A, B1, B2, B5, B6, B9, C, E, K und den Mineralien Phosphor, Kalium, Calcium, Magnesium, Sulfat, Zink, Kupfer, Fluor Iod, und weitere mehr.

Nährwert:

Kalorien 730

Proteine 62,5 g

Kohlenhydrate 21 g

Fette 36,5 g

43. Banane-Proteinshake

Zutaten:

Fettfreie Milch - 1 Tasse

Weizenprotein - 1 Esslöffel

Banane - 1 Stück

Nussöl - 1 Esslöffel

Zubereitung:

1. Vermische alle Zutaten in einer Küchenmaschine und rühre sie gut um.

Für diesen Cocktail kannst du auch Kakao-Öl ohne Süßungsmittel und Geschmacksverstärker nutzen oder aber Olivenöl.

Nährwert:

Kalorien 461

Proteine 37 g

Kohlenhydrate 46 g

Fette 16 g

44. Selbstgemachter Proteinshake

Zutaten:

Schokolade-Weizenprotein- 1 Esslöffel

Fettfreie Milch - 1 Tasse

Gemahlene Mandeln - 1/2 Tasse

Geriebener Schokoladenriegel - 1/2 Stück

Zubereitung:

1. Vermische das Protein und Milch in einer Küchenmaschine.

2. Streue die gemahlenen Mandeln und den geriebenen Riegel darauf.

Nährwert:

Kalorien 457

Proteine 39 g

Kohlenhydrate 41 g

Fette 17 g

Ballaststoffe 8 g

45. Pfirsich Proteingetränk

Zutaten:

Vanille Weizenprotein - 1 Esslöffel

Wasser - 1 Tasse

Instant Haferflocken - 1 Beutel

Pfirsiche in Dosen - 1/2 Dose

Zubereitung:

1. Vermische alle Zutaten in einer Küchenmaschine, bis alles cremig ist.

Haferflocken sind sehr reich an Ballaststoffen. Wenn du keine Haferflocken magst, verwende Cornflakes.

Nährwert:

Kalorien 306

Proteine 24 g

Kohlenhydrate 49 g

Fette 2 g

Ballaststoffe 2 g

46. Selbstgemacher Orangenprotein-Mix

Zutaten:

Weizenprotein mit Vanillegeschmack - 1 Esslöffel

Orangensaft - 1 Tasse

Fettfreier Vanillejoghurt - 1/2 Tasse

Zubereitung:

1. Vermische alle Zutaten in einer Küchenmaschine.

Orange ist sehr reich an Vitamin C, B9, PP, E, A und den Mineralien Kalium, Phosphor, Calcium, Kupfer, Iod, Bor, etc.

Nährwert:

Kalorien 280

Proteine 27 g

Kohlenhydrate 43 g

Fette 1 g

Ballaststoffe 2 g

47. Selbstgemachter Vanilleprotein-Mix

Zutaten:

Vanille-Kasein - 1 Esslöffel

Vanille-Weizenprotein - 1 Esslöffel

Vanillemilch - 1/2 Tasse

Fettfreier Vanillejoghurt - 1/2 Tasse

Zubereitung:

1. Verrühre in einer Schüssel das Protein und den Joghurt, bis eine geschmeidige Masse entsteht.

2. Gieße die Milch in ein großes Glas und füge die Protein-Mischung und den Joghurt bei. Rühre alles vorsichtig um.

Es gibt keinen Grund ein Küchenmaschine zu benutzen, da das Protein bereits mit dem Joghurt vermengt wird.

Nährwert:

Kalorien 443

Proteine 48 g

Kohlenhydrate 61 g

Fette 1 g

48. Proteingetränk mit Kiwi und Honig

Zutaten:

Mandelmilch - 300 ml

1,5 % fettreduzierter Kefir - 200 ml

Kiwi - 1 Stück

Honig - 1-2 Esslöffel

Zubereitung:

1. Vermische alle Zutaten in einer Küchenmaschine, bis eine cremige Mischung entsteht.

Kiwi ist reich an Vitamine A, B9, C, PP, B6 sowie an Mineralien wie Kalium, Calcium, Magnesium, Phosphor, Chlorid, Sulfat, Iod, Kupfer, Fluor Bor, Aluminium, etc.

Nährwert:

Kalorien 265

Proteine 21 g

Kohlenhydrate 17 g

Fette 10 g

49. Himbeer-Proteinshake

Zutaten:

Milch - 200 ml

1,5 % fettreduzierter, zuckerfreier Naturjoghurt - 200 ml

Himbeeren - 100 g (frisch oder gefroren)

Zubereitung:

1. Schneide die Himbeeren klein.

2. Mische in einer Küchenmaschine die Milch und den Joghurt, gib dann die geschnittenen Himbeeren dazu.

Verwende etwas Honig, wenn du den Cocktail süßen möchtest.

Himbeeren sind reich an Vitamin A, B9, H, C, PP, E, B5 und Mineralien wie Kalium, Calcium, Magnesium, Natrium, Phosphor, Chlorid, etc.

Himbeeren sind hilfreich gegen Fieber und andere Krankheiten, stoppen Blutungen und helfen beim Entsorgen von Toxinen.

Nährwert:

Kalorien 224

Proteine 17 g

Kohlenhydrate 24 g

Fette 6 g

50. Mandarinen-Proteinshake

Zutaten:

Milch - 400 ml

1,5 % fettreduzierter Kefir - 125 ml

Mandarinen- 2 Stück

Leinenöl - 1 Teelöffel

Zubereitung:

1. Schneide die Mandarinen.

2. Mische in einer Küchenmaschine die Milch, den Kefir und das Öl. Hebe anschließen die geschnittenen Mandarinen unter.

Mandarinen sind reich an Vitamin A, D, K, C, PP und Mineralien wie Kalium, Calcium, Magnesium, Natrium und Phosphor.

Mandarinen lindern das Durstgefühl und sättigen den Organismus mit der erforderlichen Menge an Askorbinsäure; teilweise sind sie außerdem in der Lage bei Erkrankungen Fieber zu senken.

Nährwert:

Kalorien 280

Proteine 21,5 g

Kohlenhydrate 18 g

Fette 11,5 g

Andere großartige Werke des Autors

www.ingramcontent.com/pod-product-compliance
Lightning Source LLC
Chambersburg PA
CBHW071744080526
44588CB00013B/2152